어째 이것도
시가 되는가

정애진 시집

어째 이것도 시가 되는가

488 · 문학공간시선

한강

시인의 말

가을이 익어 가는 날 천년을 살았다는 영월 하송리 은행나무를 보러 갔다. 작년 가을에 왔을 때는 나무 아래 수북하게 쌓인 노란 은행잎을 던지며 즐거웠는데, 아직 파란 은행잎들 사이에 노란 은행알을 셀 수 없이 많이 품고 그 자리에 의연하게 서 있었다.

우리나라 처음 노벨문학상 소식으로 문학계가 한강으로 넘쳐날 때, 『화인』에 이어 8년 만에 두 번째 시집을 조심스럽게 세상에 내놓는다. 나의 『어째 이것도 시가 되는가』를 많이 사랑하고 싶다.

가끔은 나를 떠나간 사람들을 생각한다. 그리고 내게 다가온 사람들과 늘 나와 함께하는 사람들.

그들에게 나도 흔들릴지언정 늘 그 자리에 있는 나

무 같은 사람이 될 수 있을까. 겨울을 앞두고 더 파랗고 더 빨개지는 텃밭의 채소처럼 나도 알차게 익어갈 수 있을까 생각한다.
  이번 시집에 함께해 주신 김우영 박사님, 나의 고등학교 은사님이자 시라는 인연으로 같은 길을 가고 있는 김경인 선생님 감사합니다.
  문학이란 이름으로 함께하는 문우들, 그리고 나의 가족 사랑합니다.

2024년 11월에

정애진

정애진 시집 어제 이것도 시가 되는가

□ 시인의 말

제1부 봄

호박꽃 방석 —— 13
현호색 —— 14
느닷없이 —— 15
출산의 계절 —— 16
봄이 소란하다 —— 17
영월장에서 —— 18
강천사 가는 길 —— 20
우리가 봄을 맞이하는 자세 —— 21
벚꽃 —— 22
한방치유숲길을 걸으며 —— 24
아니 땐 굴뚝에 연기 나랴 —— 26
감자 팔아 버리기 —— 27
5월에서 11월 사이 —— 28
할머니 집 —— 29
삼한의 초록길 —— 30
초등학교 앞 분식집 —— 31
파밭 —— 32
무처럼 무르지 않겠다고 —— 34

어째 이것도 시가 되는가   정애진 시집

36 ──── 매괴성모순례지성당에서

제2부 여름

39 ──── 도플갱어
40 ──── 오십견
41 ──── 따뜻한 아침
42 ──── 봉투에서 물방울이 굴러 나와요
44 ──── 담배 꽃
45 ──── 장롱 속 머리카락
46 ──── 아버지의 땅따먹기
47 ──── 소리의 섬 비내섬에서
48 ──── 때때 말라라 까치까치 말라라
49 ──── 숨은그림찾기
50 ──── 기억은 손가락 끝에서 나온다
52 ──── 무지개 양말
53 ──── 봄눈 녹다
54 ──── 여우
56 ──── 가을
59 ──── 인간 안테나

양파 —— 60
가시 돋는 여자 —— 62
가보지 않은 길 —— 63
아무 말 —— 64

제3부 가을

사춘기 —— 67
시詩·1 —— 68
남애항에서 —— 69
가위 —— 70
곰소 염전 —— 72
기억의 흔적 —— 73
인연이라는 것은 —— 74
인연 —— 75
시詩·2 —— 76
사랑니를 뽑다 —— 77
고래섬에 닿다 —— 78
헌 잎 —— 80
사과 —— 82

어째 이것도 시가 되는가 　　　　　　정애진 시집

84 ──── 말랑말랑한 것에 대하여
85 ──── 부부
86 ──── 내가 초록 풋사과 주스를 마실 때
88 ──── 폐적 나다
90 ──── 관계
92 ──── 내소사에서
94 ──── 갱년기
96 ──── 무꽃
98 ──── 비틀거리는 봄
100 ──── 문

제4부 겨울

105 ──── 나무의 무릎
106 ──── 롱패딩 잠바
107 ──── 하회마을 선유줄불놀이
108 ──── 넘어가다
110 ──── 콕 찔러보기
111 ──── 서로 이웃
112 ──── 화장과 빈 병의 관계

정애진 시집 **어째 이것도 시가 되는가**

차 례

나무의 비밀 —— 114
팽팽하다 —— 116
닭 —— 118
그때 누가 나를 —— 119
줄 —— 120
액자를 그리다 —— 122
택배원 —— 123
터미널의 비둘기 —— 124
비 오는 아침 —— 125
광염소나타 —— 126
잿빛 하늘 중후군 —— 127
뛰는 사람들 —— 128
빈손 —— 129
종이컵 —— 130
미필적 고의 —— 132

□ 해설_김우영

봄

제1부

호박꽃 방석

새봄, 호박을 다섯 포기 심었다
줄기를 뻗어 세력을 키우더니
꽃밭을 이루었다

꽃자리마다 땡글땡글 열매가 맺혀
주렁주렁 달렸다

'차례대로 한두 개씩 크면 얼마나 좋아'
한아름 따서 집으로 왔는데
호박에 종이 같은 것이 붙어 있다

흙 위에 놓였던 호박은
더러 모래가 박혀 상처가 나는데
방석 위에 앉은 호박은
반들반들 예뻤다

현호색

간혹,
어떤 단어를 생각할 때
터무니없이 엉뚱한 말이
불쑥 튀어나올 때가 있는데

현호색이 그렇다
어쩐지
현호색 하면
호색한이란 단어가 먼저 떠오른다

길쭉한 줄기에
꽃신의 날렵함
유쾌한 꽃, 입

꼭 그렇게
현호색에 끌린다
봄에 홀린다

느닷없이

 꽃이 피는 일은 가끔 당황스럽다 겨울이 끝나기도 전 꽃 피기를 기다리지만 꽃은 쉽게 피지 않고 나는 늘 기다린다 사무실 가는 길, 교회 앞에서 산수유꽃 피기를 기다리고 도서관을 오르면서 개나리꽃 피기를 기다리고 퇴근하는 길, 동사무소 앞 매화나무에 꽃 피기를 기다린다 그럴 때마다 나무는 모른 척 돌아서 있거나 겨우 한두 송이만 보여 주며 나를 조바심 나게 한다 그러다 내가 꽃샘추위에 움츠려 있거나 혹은, 딴생각에 빠져 있다가 문득, 찾아가면 꽃은 느닷없이 활짝 피어 나를 당황스럽게 한다

 꽃이 피는 일처럼
 내가 잠시 향기에 취해 있을 때
 느닷없이
 내 안으로 들어온 바람이
 나는 당황스럽다

출산의 계절

앞산의 능선에서
봄이 마을로 내려온다

나무 구덩이를 파는 할머니 옆에서
고양이는 기지개를 켜고
제 집에 묶인 강아지도 덩달아 하품이다

봄볕에
속살을 드러낸 부드러운 흙 위에
반짝이는 비닐 이불을 덮는다

매실나무 몽우리들
곧 터질 듯 카운트를 세고
산수유나무는 축제를 위해
노란 폭죽을 준비하고 있다

아직 바람은 차갑지만
봄의 숨결이 가쁘다
만삭이다

봄이 소란하다

농부가 밭에 거름을 낸다
한쪽에 쌓아 놓았던 거름을 밭에 골고루 뿌린다
짬짬이 무릎을 구부려 냉이꽃에도 눈을 맞춘다
복숭아나무 위, 둥지를 튼 동박새가 짝을 부르고
살구나무 위에서는 까치 두 마리가 뭐라 뭐라 한다
비닐하우스 안, 농부의 아내들이 감자 눈을 따고
과수원에서는 사과나무 전지를 한다
마을 안, 연못에 갈대가 얼굴을 비추고
벌써 써레질이 끝난 논에는 물이 찰랑거린다
양수기 물 퍼 올리는 소리
먼데 공사장에서 나는 소리
봄이 소란하다

영월장에서

봄볕에 조는 것은
장터 아래를 흐르는 강물뿐이다
버드나무 가지마다 봄이, 터질 듯 몽글몽글하다

계절을 건너온 겨우살이가 볕을 쬐고
항아리들은 배가 부르다

국밥집에는 막걸리를 마시는 사람들
어디선가 본 듯한 얼굴
한 명쯤 만날 것 같다

검은 봉지를 든 사람들이 어깨를 스치며 지난다

없는 거 빼고는 다 있는 잡화점
시대를 거슬렀을 마패서부터 주판 화로 풍구 라이터 각종 촛대와 옛날 라디오 꽹과리…

떠나는 이들의 마지막 자리를 봐주던 아버지 곁에는
나침반과 책력이 있었다

회관 마당에서 풍악을 할 때 징을 쳤던 아버지
아버지가 떠난 지금 마음속에 징,
파문이 인다

언니 이리 와 봐
맛없으면 안 사도 돼

봄의 소리는
톤이 높은 솔과 라 사이

손을 놓치고 한 옥타브 올라간다

강천사* 가는 길

  보라색 작은 제비꽃 애기똥풀 노란 꽃 톱니바퀴처럼 생긴 고들빼기 꽃 구불구불 올라가는 길은 은방울꽃 청아한 소리도 병꽃나무 불그스레한 미소도 함께 갑니다 굽이를 돌 때마다 지고 온 생각 하나씩 내려놓으며 올라가는 길, 법당 앞에 불두화가 반갑게 맞아 줍니다

  돌단풍 활짝 피고 금낭화 나란한 계단을 오르면
누가 왔나,
큰스님 법당문을 여실 듯합니다

※충북 제천시 송학면 시곡리에 있는 사찰

우리가 봄을 맞이하는 자세

피재골에 달려가
버들강아지 뽀얗게 피는 것을 보는 일
도서관 오르는 언덕
산수유 노랗게 콩알거리는 것을 보는 일
시청 앞 작은 교회
매화꽃 몽글몽글 맺히는 것을 보는 일
우체국 후문
목련꽃 하얀 입술 뾰족 내미는 것을 보는 일
그리고,
의림지 나무 의자에 나란히 앉아
버드나무 사이로 살랑거리는 아지랑이를 보며
봄봄 하는 일

벚꽃

당신이 사랑하는 그녀 앞에서
가슴속 말을 못하고 머뭇거릴 때

그녀가 사랑하는 그 사람 앞에서
머리가 하얘져 아무 말도 못할 때

꽃이 피었습니다

당신이 상기된 얼굴로, 뒤돌아가는 그녀를
안타깝게 바라만 보고 있을 때

하늘만 바라보는 그 남자를 두고
그녀가 붉게 물든 얼굴로, 아프게 뒤돌아갈 때

꽃이 날렸습니다

쓸쓸한 그대를 위해
외로운 그녀를 위해
다시, 꽃이 피었습니다

눈이 가는 곳마다
당신이라는 꽃으로 피었습니다
손이 닿는 곳마다
그녀라는 꽃으로 피었습니다

분홍분홍 피었습니다

한방치유숲길을 걸으며

나는 지금,
7월의 푸른 나무 사이로 들어가고 있어

소나무를 타고 있는 담쟁이넝쿨을 보며
친구의 얼굴이 떠올라

파란 단풍잎들 사이로 조각조각 쏟아지는 빛에
가만히 눈을 감지

하늘에 오를 꿈을 꾸며
까치발로 해바라기하는 귀여운 아기단풍나무들
팔랑팔랑 잠자리 날개를 흔들며
더 멀리 갈 수도 있었을 텐데

용의 전설을 간직하여 비룡담이라고도 불리는
제2의림지, 둘레길
호수에는 뒷살을 따라 커다란 물고기가 헤엄을 치고
나와 발맞춰 걷는 뭉게구름
여름 햇살에 지친 까치산도 가만히 호수에 들었네

불어오는 바람에
시원하게 팔 벌리면
어느새 내 팔에도 푸른 날개가 돋아
날아갈 것 같아

친구야,
너와 함께 이 길을 걷고 싶어

아니 땐 굴뚝에 연기 나랴

 작은 밭을 일군 지 삼 년째 씨앗이 생기는 대로 갖다 묻고, 모종도 사다가 심어 놓고 아직 모든 것이 서툴고 모든 것이 신기하기만 한데 내 부모님이 걸어간 길이라 생각하니 가슴 뭉클한 것이 있기도 하다 차로 십여 분 거리, 며칠 만에 가보면 풀이 무성하더니 풀밭인지 감자밭인지 아니면 고구마밭인지 헷갈리기 일쑤인지라 뱀이라도 나올까 무서워 밭에 들어가기가 망설여질 때가 있는데

 어느새 밭가에 핀 삼잎국화도 보라색 나팔꽃을 감은 채 허리가 구부러지고 호두나무도 잎이 꽤 떨어져 엉성해지기에 장화를 신고 밭으로 들어가 보니 어느 결에 열렸는지 제법 큰 박이 뒹굴고 있다 심지도 않은 박이 달렸다며 자랑을 하니 내가 박씨 줬잖아, 제비의 실체가 나타나고 어찌 하얀 박꽃은 못 봤던 건지 의아해하다가 초가집 지붕에서 달구경 하던 박꽃이 밤에만 핀다는 걸 몰랐던 까닭이었음을, 작은 새들 떼 지어 이쪽에 저쪽으로 호르르 날아가던 날이다

감자 팔아 버리기

올해도 감자는 풍년이다
앞집 옆집 울력으로 심어 놓고
하얗게 웃어 주는 꽃을 보며 행복해하다가
정작 풀은 외면해 놓고
이제, 농부의 웃음을 흉내 낸다

감자는 캐고 나서가 더 힘들다
많은 사람들이 떠오른다
감자가 음료수가 되기도 하고
과일이 되기도 하고
된장으로 돌아오기도 하지만
고맙다며 군말 없이 받아 주는 사람이 좋다

마지막 남은 한 박스를 집으로 올리며
의림지 어디께를 함께 걷다가
길가에 피어 있는 딸기꽃을 보고
저게 감자꽃이유, 하던 사람
생각난다

5월에서 11월 사이

칫 칫 칫 칫
치짓 칫 칫 칫 칫 칫

맴—맴—맴—맴—매애앰—
매애— 애애애

쐐~ 애애애애애~

찌르르르르
찌르르르르

쓰—름 쓰—름

찌이이이이이이—
찌이—찌이—찌이—찌이—

할머니 집

할머니 집 마당에
낮은 돌담이 있습니다

돌담에 꽃이 피었습니다
수선화 옥매화 무스카리…

할머니보다 얼굴이 큰
할미꽃도 피었습니다

마당가에는 은행나무
은행나무 옆에 보리수나무
보리수나무 옆에 대추나무

마당에는 햇볕이 있고
햇볕 아래 조는 강아지 한 마리

그리고 할머니 집 마당에는
풀을 뽑는 할머니가 있습니다
할미꽃보다 더 허리가 구부러진
할머니가 있습니다

삼한의 초록길

비를 머금은 바람에서는 매캐한 먼지내가 난다
바람에 미루나무 잎이 하얗게 뒷모습을 보인다

용두산에서 내려온 안개가
날개를 접으면 의림지까지 길이 열린다

어느새 내 곁에 다가와
살며시 마주 잡는 손

그는 청전뜰의 농부이기도 하고
조국을 위해 맨손으로 나선 의병이었다가
삼국 통일을 꿈꾸었던 젊은 화랑의 모습이기도 하다

때로는 라일락 향을 맡으며 몽환적인 기분이 되고
때로는 하얀 파도 일렁이는 데이지를 지나며

여름의 문턱을 넘어간다

초등학교 앞 분식집

김밥을 사러 가는 길
키 작은 그림자가 따라옵니다
아이들이 좋아하는
김밥 떡볶이 어묵꼬치와 튀김들로 가득한
진열대가 유난히 낮습니다
김밥을 썰고 떡볶이를 담는
손도 유난히 작아서 앙증맞습니다
맛을 자랑하는 주인의 목소리는 높고
초등학교 앞 분식집에서는 주인도 초등학생
울타리 너머 아이들의 목소리가
공과 함께 굴러 나오고
온몸이 간지러운 산수유나무가
슬며시 들여다봅니다

파밭

메마른 바람이 불면
코끝은 알싸해지고
봄은 파밭으로 몰려오네

시든 파밭이 무릎을 일으키는 시간
해 뜨면 일하고
해 지면 몸을 눕혀도
잡힐 듯 말 듯 꿈은 멀어지네

저 푸른 초원 위에 그림 같은 집은
치기 어린 사랑
그 껍질을 벗기는
손톱 밑이 거뭇거뭇하네

비 온 후
파밭이 힘차게 일어서네
파밭 파밭 부르면
안으로부터 파닥파닥 새의 날갯짓 소리

햇살은 뜨거워지고
파는 점점 단단해지네
동그랗게 불어 올리는 풍선들
또 그렇게 꿈이 부푸네

무처럼 무르지 않겠다고

뿌연 창문으로 한 치 앞을 볼 수 없는 아침
와이퍼를 켜보지만 헛걸음만 한다
창문은 안쪽에서 잔뜩 뿌옇다

입동이 며칠 지난,
올해 첫 영하의 날씨라고 하는 날
비 내리는 사무실 앞, 따끈한 만둣국을 먹자는 친구를 기다리며
아직 뽑아 들이지 못한 무를 생각한다

무, 불러 보면 완결되지 않은 뭔가 있는 것 같아
허둥대는 입술은 틀린 것을 알면서도 서둘러 수자를 붙이곤 하는데,
배추는 괜찮아도 무는 얼 수도 있다는 말이 자꾸 떠오른다
허겁지겁 배추며 무를 뽑아 쓰고, 차에 남겨진 무

그런 무가 확실하게 자신의 존재를 드러내고 있었다

차 안에서 밤새 가스를 뿜어냈을 것이다
추운 밤, 창문을 두드리다 뿌옇게 벽을 쌓고
제 몸을 보호하였을 것이다
왠지 모를 안도감으로 녹아내리는 물방울들을
천천히 바라본다

매괴성모순례지성당에서

먼산에 바람꽃 일어
여기 고난이 닥쳤을 때
총을 7발이나 맞고도
다만 눈물로 물리친
칠고의 어머니,
그 앞에서 가만히 손을 모은다

세밑이 더 추운 사람들을 위해
가래떡을 팔고 있다
모락모락 김이 오르는 떡을 한 봉지 사들고
조금은 뿌듯한 마음으로
한껏 심호흡을 한다

나는 여러분을 만나기 전부터 사랑했습니다,
임가밀로 처음 신부님의 말처럼
백년이 넘도록 사랑이 이어지는
여기, 매괴성모순례지성당에서

제2부 여름

도플갱어

 꼭 돌아가신 어머니인 줄 알았네※
 어쩌면 사람은 몇 종류 아니 몇백이나 몇천 몇만 종류쯤 되는지 모른다
 그 몇만의 사람이 죽으면 다시 태어나고
 태어나서 지난 생의 기억을 하나씩 찾아가면서 살아가는지 모른다

 사실 엄마와 딸은 한사람인 거다
 먼저 기억을 찾은 엄마가 딸에게 기억을 일러주면서 살아가는 거다
 울 엄마는 내게 오십 이후의 기억은 일러주지 않고 떠나셨다
 그래서
 내일부턴 나 스스로 그 길을 개척해 나가야 한다
 꽃들이 피고 있다

 ※문정희 〈조등이 있는 풍경〉

오십견

간밤에 눈이 내렸다
겨우 눈만 털어낸 창에 이슬이 맺힌다
끽끽 소리를 내던 와이퍼, 다시 제자리다
잠을 설친 아픈 내 어깨가 생각나
풋, 웃음이 난다

아버지의 어깨는 지게가 차지했다
여름에는 쇠꼴을 한가득
가을엔 땔나무를 한짐 지고 오셨다
아무리 무거운 짐도
지겟작대기를 땅에 짚고 중심을 잡고 일어나셨다

우리는 그런 아버지의 어깨에 앉아 재재거렸다
새들의 노래를 듣는 것이 아버지의 즐거움이었지만
새는 점점 몸집이 커졌고,
아버지는 세상의 무게가 점점 무거워졌다
지겟작대기는 더 이상 땅에서 중심을 잡지 못했다

차에서 내려 와이퍼에 얼어붙은 눈을 조심스럽게 떼어 낸다

따뜻한 아침

밤새 몰래 내린 눈이
앞마당 감나무의 손을 잡고
엎드린 자동차의 고단한 등을 가만히 껴안고
주택 입구,
길냥이의 플라스틱 집 지붕을 포근히 덮고
누군가 버려두고 간
운동화 한 짝을 소복하게 채우고 있다

눈이 오면 차가 오지 못하는 고갯길엔
버스 발자국 대신
교복을 입은 아이와
아이의 가방을 든 아버지
두 사람의 발자국만
길
게
이어졌다

봉투에서 물방울이 굴러 나와요

낭랑한 목소리가 창문을 타고 3층으로 올라와요
쨍그랑 언 창에 부딪치는
건물 주차장 주차 요원의 목소리

첫 월급은 동네 구장 아저씨와 농사가 많은 자재기 만길이 아저씨와
작빽이 산 아래 고추밭 옆 옹달샘의 부조로 이루어졌어요

불면의 밤과 잿빛 기온이 만나면 우울한 물방울이 생겨요

고개에 오르면 진달래가 불타던 산,
봄나물을 캐던 들, 멱을 감던 친구들이 그리울 땐
쇠죽 쑤는 아버지의 새벽 기침 소리와
찬물에 빨래하는 엄마의 붉은 손을 생각해요

몇 번의 여름과 겨울이 지나, 서울로 이사 갈 때
웃방 장롱에서 나온 빨간 내복과 페인트 냄새 알록

달록 밴 봉투들

　잠시 창문을 열어요
　몇몇 꽃잎 같은 눈발이 날리고
　바람이 묻은 차가운 목소리를 따라 차들이 정연하게 흩어져요

담배 꽃

손끝에 침을 묻혀 종이를 또르르 말면
꽃이 피어나지
연기를 따라 한순간 근심도 날아가고
새벽부터 어스름까지의 피로가 녹으며
떠오르는 얼굴
입가에 퍼지는 미소

늘 웃음만 보여 주던 아버지
그 아버지 손끝에서 피던 담배 꽃

길을 달리다 수확이 끝난 밭가에 멈추었다
가지 끝마다 달린 꽃
눈 가득 아스라하게 핀 분홍빛
추억이 몽글몽글 안개로 피어난다

장롱 속 머리카락

가끔 생각이 난다
웃방 장롱 속, 하얀 천에 싸여 있던 머리카락

머리가 길었던 어린 시절
아침마다 엄마는 어린 딸을 앞에 앉혀 놓고
머리를 땋아 주셨다
긴 머리로 찰랑찰랑 다니고 싶었지만,
엄마가 외가에 가셔서 안 계실 땐
아버지가 더 꽁꽁 머리를 땋아 주셨다

긴 머리에서 해방된 것은 중학교 1학년 겨울 방학
엄마는 읍내 미용실에서 받아 온 머리카락을
하얀 천에 싸서 웃방 장롱 속에 넣어 두셨다
어쩌다 꺼내서 보고는 했는데

고향을 떠나 이사를 한 이후였는지
그 전이었는지
언젠가부터 본 기억이 없다

어디로 갔을까

아버지의 땅따먹기

바닷물 일렁거리다 빠져나간 바위에
새겨진 공룡 발자국처럼 오래된 이야기 같아
발자국이 남는 곳까지 주인이 된다는
시시포스 신화 같은 이야기

한때는 지겟작대기 하나로
우주를 들어 올렸던 사내의
눈 뜨면 달려야 하는 숙명
한 뼘 남짓한 크기로 감당하여야 할 무게로
가시가 되고
뿌리가 된 이야기

돌아오지 못한 자리엔
철철이 엄마 찾는 고라니만 울었다 가고
올해도 별보다 반짝이는 소금꽃
더께더께 피었다

소리의 섬 비내섬에서

나 어릴 적 자란 마을이 건너다보이는
물가에 앉아
물결이 반짝이는 강물에 손을 담그면
작은 물고기 한 마리
어느 결에 와 손을 간질인다

이따금씩 우리 이야기에 맞장구쳐 주는 소리
보이지 않아도 안다
수풀 속에서 우리 이야기에 귀 기울이는 새들

우리가 오지 않는 동안에도
갈대숲에서는 생명이 소멸하고 또 생성해 왔다
우리의 앞날도 그럴 것이다

도란도란 이야기하며 걷는
우리 앞에, 푸드덕 날아오르는 꿩 한 마리
파란 하늘에 빗금을 그으며 날아오른다

때때 말라라 까치까치 말라라[※]

  배꼽을 묶었던 실 한끝은 아직도 거기 어디 있는 게 분명해
  나는 서성거리지
  꿈[夢]속에서도
  꿈[望]속에서도

  물속에 머리를 박으면 검은 수초 물결 따라 흐르네 피라미들 수초 사이 요리조리 흐르네 고기를 잡으려 들춘 돌 아래에선 이름을 알 수 없는 물고기, 눈이 마주치자 화들짝 놀라 빠르게 흘러가네 때때 말라라 까치까치 말라라 해님은 머리 위에서 더디게 흐르네 퐁퐁 물이 솟아 한겨울에도 얼지 않는 샘물, 엉덩이 높이 들고 물 마실 때 흰 구름 출렁출렁 목을 타고 흘러가네 왠지 모를 허기짐에 긴 그림자 집으로 흐르네

  수초들 무성하게 자라 영역을 넓히고
  겨우 흐르는 물이 도랑의 흔적으로 남은 곳
  서성거리는 그림자만 남았네

  ※어릴 때 물놀이 후 젖은 신발, 옷을 말릴 때 부른 노래

숨은그림찾기

끓는 저녁에 덴 손가락이 화끈거린다
티브이를 보다가 친정 엄마라는 말에 울컥 목이 멘다
여고 졸업 앨범을 뒤적거리면
연락이 끊긴 친구들, 이제 얼굴도 가물가물해
그때 우리는 무슨 생각을 하고, 어떤 이야기를 나누었는지
이내 그곳으로 가는 길을 잃어버렸다

10초 안에 낙타를 찾으면 청춘이란다
눈은 침침해지고 눈물이 날 것 같지만, 낙타를 찾았는데
그럼 난 청춘일까

거울에 비치는 흰머리에 자꾸 손이 가지만
봄바람 불면 떠나고 싶은
내게
아직, 몇 장의 숨은 그림이 남아 있을까

기억은 손가락 끝에서 나온다

ET는 지구를 떠나면서 나에게 초능력을 남겨 주었다
서로 맞댄 손가락에서 손가락으로
그리움을 불러내는 초능력이 흘렀다

도서관에서 그리움을 검색한 날
손가락을 핸드폰에 콕 찍었는데
손가락 끝에서 온갖 그리움이 딸려 나왔다

아파트 입구에 공중전화가 생겼다
집으로 들어오다가
전화 부스 앞에 차를 세웠다
내 집게손가락은 기억 저 깊은 곳에서
이제는 받지도 않는 전화번호,
일곱 개의 숫자를 불러내 꾹꾹 누르고 있었다

무 구덩이에 팔을 깊게 넣어 무를 꺼내듯
베란다에서 이불을 들추고 무를 꺼내다가
내다본 창밖에는

동지를 며칠 남기고 소리 없이 눈 내리는데
나는 집게손가락에 침을 묻혀 가며
사진책을 넘긴다
그리움을 충전 중이다

무지개 양말

나는 한 마리의 양
당신이 그려 놓은 동그라미 안에서 살아요
땅에 코를 박고 건초를 씹다가
냉이 향이 코끝에 걸리면 심장이 두근거려요
건초를 씹고 건초 위에서 잠을 자요
잠을 잘 때는 동그라미를 뛰어넘는 꿈을 꾸어요

나는 말, 한 마리의 말
당신의 동그라미를 뛰어넘어요
나의 다리는 튼튼해, 달리기를 좋아해요
언덕을 넘어 동백꽃이 핀 곳으로 갈 거예요
그리고 푸른 바람을 따라서 바다로 갈 거예요
파도와 달리기를 하며 모래 위에
발자국을 찍을 거예요

나는 차분한 파랑을 좋아해요
그래도 기분이 좋을 땐 빨강
빨강 양말을 신고,
길을 나서요

봄눈 녹다

친구가 군자란 잔가지를 떼준다
화초 키우는데 재주도 흥미도 없지만
말없이 받아들고 왔다

큰오빠 핸드폰에 화사하게 피어 있던
주황색 꽃

올해 백중에는
절에 모시자고 한다
갑자기, 생뚱맞게
장인어른도 장모님도
그러자고 한다

어느새
내 가슴엔, 담을 것들이
이렇게 많아졌나

간밤에 눈 내려
온 세상이 하얗더니
흔적도 없다

여우

한 번도 그랬던 적은 없지만
한 번쯤 만난 적은 있지

쪼르르 장롱으로 들어갔는데
꼬리가 걸린 거야

손톱만큼 벌어진 틈으로
그보다 더 가늘게 눈을 뜨고
보았지

그곳이 가장 아늑한 안식처인 양
차곡차곡 몸을 접고 잠들었다가
그 작은 틈에 집게손가락을 걸고 매달려
바깥을 엿보기도 하던 걸

밖에서도 본 적이 있어
한 번은 동네 어느 집 키가 큰 목단 옆에서
빨간 넥타이를 혀처럼 쭉 빼물고는
나의 엄마 품에 안겨 있던

아주 살짝 찡그린 얼굴

또 한 번은 오빠들 소풍을 따라간 날
자갈자갈 조약돌 노래할 것 같은
강가에서 눈부신 듯 이마를 찡그리고
나의 엄마 손을 잡고
서 있던 모습

언젠가부터 볼 수가 없네
아마, 장롱을 그대로 두고
동네를 떠나오면서부터였을 거야
다시 가볼까 거기,
지금도 있을까

한 번도 그랬던 적은 없지만
한 번은 만난 것 같은,

가을

친정붙이들과 벌초를 마치고 들른 고모님 댁
출가외인이라고 이십 년도 더 훌쩍 지났다

애, 얼굴 잊어버릴 뻔했어, 그래 지금 뭐하니
네, 일 조금 하고 있어요
그래 내 그럴 줄 알았어, 어릴 때부터 머리가 좋아서 뭐라도 할 줄 알았어
시인이에요, 시집도 냈어요, 올케언니가 거든다

개가 이쁘네요

동경견인데 얼마나 영리한 줄 몰러 얘가 암새가 나서, 사방으로 수캐를 찾아도 없어 똥개하고 그럼 안 되잖어 그래서 개장에 가뒀어 하루는 문을 열었더니 얘가 확 박차고 튀어나와 뒤로 벌렁 넘어졌잖어 내가 아파서 울었어 뻔히 보고 섰더라고 그래서 덕순아 이리 와 아파 죽겠어 하면서 부러 더 크게 엉엉 울었어 그랬더니 가만히 한쪽으로 들어가 앉더라고 얼마나 영리한 줄 몰러 제천 가거든 주위에

동경이 좀 있나 알아봐

 오면서 보니까 마을에 콩을 많이 심었네요

 말도 마, 전에 특용 작물을 했잖아 콩 심은 옆에는 다른 거는 심지도 못 했어 벌이 꽃을 옮겨서, 옛날에 고모부가 농민 회장을 했잖어 조사원들이 나오면 점심 먹여서 밤나무 밭에 자리 까는 거여 똥꼬가 찔리나 마나 두드리는 거여 문제가 있으면 안 되잖어 잘 대접해야지

 우리도 오늘 금초 했어 영민이가 애썼지 전에는 금초를 열흘씩 했어 일일이 다 손으로 하니 여주서 어디서 모이면 열 명이 넘었어 다 우리 집으로 오는 거여 그럼 나만 지랄 나는 거여 밥 해대느라고 그래도 국수가 쉽잖어 맨날 칼국수 미느라 아주 나만 쌔가 빠졌어

 팔순을 바라보는 고모님 내외분이

여남은 조카들을 앉혀 놓고 사설이 길어지는데
술이 몇 잔 돌아 붉어진 얼굴로 고모부님이 한마디 하신다

어째, 이것도 시가 되는가

인간 안테나

잘 나오던 라디오가 돌아서면 멈추길 여러 차례
손바닥이 아프도록 치니 그제야 제대로 나온다

예전 뒷산에 있던 안테나가
집 안으로 들어오더니

사람도 안테나 역할을 한다고 한다
그래서였나
어디에 있든 내 촉수는 너를 향하여 뻗는다

비가 와도 바람이 불어도
주파수는 온통 너에게 맞추어지고
네가 어디에서 무얼 하고 있는지
주파수가 맞지 않을 때
나는 자질자질 아프다

해바라기 태양을 향해서 고개 돌리듯
내 주파수 너를 따라 흐른다

양파

잘 때는 한쪽으로만 누워 잡니다
허리가 아프면 잠시 천장을 보다가
그대를 향하여 누워 봅니다
문득, 나의 체취가 그대를 아프게 할까 봐
다시 원래대로 돌아눕습니다
자꾸만 등이 동그랗게 새우가 됩니다

스멀스멀 햇볕이 몸을 간질일 땐
베란다 창가에 동그랗게 앉아 봅니다
창밖으로 차들이 들어오고 나가는 것을 지켜보다가
목련나무 우듬지 끝에 걸린 까만 봉지를 봅니다
누구의 이야기일까요
동글동글 구르는 것은 어쩔 수 없는 운명
다시, 그늘을 찾아 데굴데굴 굴러갑니다

가장 부드러운 것이
가장 강한 것이라지요
모난 것을 모르는 나는

한결같은 둥근 얼굴에
이 세상 가장 부드러운
하얀 웃음을 웃어 봅니다

가시 돋는 여자

그 여자 가슴속에 새를 키운다

화가 날 때면
미운 새 한 마리
가슴에 가두고

또다시 화가 나면
나쁜 새를 가슴속에 가두고
꽁꽁 빗장을 잠근다

새들은 날아가지 못하고
알아들을 수 없는 말을 하다가
사라지는데

그 여자는
자꾸만 손바닥에 가시가 돋는다

가보지 않은 길

강
억새
쑥부쟁이
복분자 딸기의 하얀 가지
처음 가는 길은
아름답다

아스팔트
비포장도로
아스팔트
비포장도로
아스팔트
비포장도로
아스팔트
처음 가는 길은
멀다

아무 말

원래는 마우스 패드가 청바지였대
매일 말을 타는 사람이 있었는데
말을 탈 때는 항상 청바지를 입었대

그 사람은 말이 친구였대
말과 함께 초원을 달려서 꽃밭에 가고
말과 함께 언덕을 넘어서 바다에 갔대
처음 가는 곳도 함께 가고
언제나 함께 집으로 왔대

중간 생략하고

원래는 마우스가 말이었대
그래서 마우스는 매일 달린대
청바지에서 매일 달린대
다그닥 다그닥

제3부 가을

사춘기

아직,
봄인가 보다
저리 바람이 부는 걸 보니

시詩 · 1

내 안에 공룡이 살고 있어
어디를 가든 나를 따라나서지
혼자 생각에 잠겨 있을 때나
잠을 자려고 누웠을 때도 내 귀에 속삭이곤 해
일억 년 전쯤 지구에 왔다는 공룡은
달에 갈 수 있다고
별을 따주겠다고 했지
하늘을 날 수도 있다고 했어
꽃밭을 좋아하는 공룡은
어린애 같아
가끔
낮에 분꽃을 피게 하거나
봄에 코스모스가 피게
심술을 부리기도 하지만

마침내
나의 꽃밭
개나리 울타리에
명자나무 빨간 꽃봉오리에
한 마리 나비로 앉는,

남애항에서

시를 찾아 나섰다
여름 지나 가을빛 서늘한
바닷물에 발을 담그고
하늘에 닿고 바다에 닿는다
하늘과 바다가 하나인 이곳에서
시에 물들 수 있을까

시어 같은 작은 조개껍데기를 주워
주머니에 넣는다
밀려온 파도는
행간을 넘지 못하고 비문으로 흩어져 버린다

바다는 습작 노트
모래밭에 밑줄 그으며 기어가는 메꽃이 웃는다
쉼표처럼 찍힌 새들의 발자국을 따라 걷다가
썰물이 밀려간 자리에
시詩라고 적는다

그날 남애리에
시만 남겨 두고 왔다

가위

처음 시를 말씀하셨던 선생님이
어느 날 신문지에 둘둘 만 것을 주고 가셨다
독일에서 사오셨다는 그것,
손잡이 부분만 하얗게 칠해져 있고
오로지 쇠로만 되어 있는 그것

지금도 주방 선반에 걸려 있다
보통의 주방 가위보다는 조금 짧은
더러 하얀 코팅이 벗겨진 그것
그래도 본연의 기능은 처음과 똑같은 그것

매일매일 자르기만 하는 그것

핵심도 없고
사족만 늘어져 있는 나의 시詩
언제나 아니오라고만 하는 그것

그래서,
선생님은 가위를 주셨구나

요즘 작약이 한창이지
그럴 땐 작약만 말하라 하시네
곁가지로 핀 꽃은 과감히 자르라 하시네

촌철살인 같은 글 한 줄 쓰라 하시네

곰소 염전

수차를 돌리던 염부는
바닷물을 밀고 또 밀어서, 소금을
지붕이 까만 오래된 창고에 쌓아 두고는
보이지 않는다

밤새 별자리가 그려졌던 바닥에는
하늘이 내려와 있다
구름은 철새와 술래잡기를 하고
우르르 버스에서 내린 사람들이
얼굴을 비춰 보고는 갸우뚱거리며
손가락으로 바닥을 문지른다

곰소에 가면 백합죽을 꼭 먹어 보라던 말과
비린 내음에 끝내 가까워지지 못하는 발걸음 사이에서
아쉽게 돌아서던 날을 지나,

바람 부는 대로 흔들리는 코스모스처럼
가볍게 팔랑거리는 날이었다

기억의 흔적

 어디엔가 긁혔나 보다 빨갛게 된 손가락이 신호를 보낸다 이 손가락의 작은 불편이 그리움보다 더 아플 수도 있겠지

 그리워하다 그립다 그리다, 그림의 어원이 그리움에서 왔는지 모르겠지만, 그림의 완성은 내겐 늘 어렵다

 떠나간 사람과 남은 사람 중 누가 더 빨리 잊는가, 누가 더 아픈가 하는 것은 바람을 정면으로 맞는 것이 더 추운지, 등이 시린 것이 더 추운지 하는 문제일까 슬그머니 돌아누워 본다

 봄 새가 떼 지어 몰려올 목련 나무, 제일 먼저 봄이 올 그 자리, 누군가 가지를 보기 좋게 잘라 놓았다 그래도 여기는 개나리가 필거고 그리고 이 나무는 사과꽃이 필 테지

인연이라는 것은

그때 떨어지는 일몰을 보기 위해
전곡항에 앞서 미리 멈추지 않았더라면
우리 만나지 않았을까
뚝섬에는 지는 해가 아쉬운 사람들
포즈를 취하고 사진을 찍고
그들의 머리 위로는
비행기가 한 마리 새처럼 높이 날고 있었다
해를 삼킨 바다는 미처 그 빛을 감추지 못하고
붉게 머물러 있었다
이윽고 하늘과 바다의 경계
풀과 꽃의 경계가 모호해지고
사람과 사람 사이에 점점 검은 빛이 짙어질 때
각자의 일행과 잠자리를 찾아들어 간
우린 어떤 사이일까

인연

아스팔트 깨진 틈새에
노란 민들레 한 송이

감자밭 포기 사이에
보라색 나팔꽃 한 송이

꽃은
어디에 피어도 아름답다
우리 사이처럼

시詩 · 2

  출근길 신호를 기다리는데
  젊은 아빠가 아가를 안고 어린이집 버스를 기다린다
  젊은 아빠는 미소 띤 얼굴로 팔에 안긴 아가 얼굴에 연신 뽀뽀를 하는데
  신호등 위에 하늘이 파랗다

사랑니를 뽑다

살 속에 묻혀
오랜 시간을 함께 했던,

빈자리가 허전하여
노래를 불러 보다가
춤을 추다가

비가 내렸다
바스락거리는 잎
갈라진 대지는
몇 날 며칠 신열을 앓더니
봄비가 내렸다

오목한 자리에 살이 차오르는 동안
새잎이 돋을 것이다
꽃이 필 것이다

고래섬에 닿다

꽃을 찾아 내려온 곳은 군산이었다
봄의 얼굴은 여러 개,
차창을 달구던 봄볕이 사라지고
예식장 밖에는 비가 내렸다

아직 꽃은 도착하지 않아 섬에 들기로 했다
시내를 빠져나가기 전 어둠이 앞장을 서고
불빛을 따라
새만금 방조제를 직선으로 달려
처음 가는 바닷길 구불구불
선유도 고래섬*에 닿았다
검은 바다가 어렴풋이 우릴 반겼다

중학교 수학여행 이후
바다는 늘 그리움의 대상
그 한가운데 섬, 선유도
온몸에 자릿자릿 배어드는 흥분에
섬에서 우리는 다시 태어났다

바람은 더 크게, 더 길게 창문을 두드렸다
우리가 서로의 얼굴을 마주 보며 잠이 들자
나보다 더 젊어진 엄마가
농어 13호 객실에
갯바람으로 들어와 누웠다

바다는 늦잠을 자고
개 짖는 소리가 먼저 섬을 깨웠다

※펜션 이름

헌 잎

하룻밤 새
비 내리고 바람 불던 날
바람 불더니 눈 내리던 날
나뭇잎은 온몸에 가시가 돋았다
고슴도치인 양, 복어인 양
동그랗게 몸을 말고
언제든 독을 뿜을 준비가 되어 있었다
그러는 사이에도
비는 또 오고 바람은 불고
눈이 또 내리고 또 바람은 불고
나뭇잎은 죽은 것처럼 보였다

길게 오래도록
엎드려 있었다

다시, 바람 불던 날
이마에 햇살 내리더니
발등에 내려앉은 햇볕이 따뜻했다
무언가 익숙한 느낌,

날개 밑이 간지러웠다
살며시 들어본 날개 밑에는
꼬물거리는 햇잎

이제 헌 잎은 날아갈 때가 되었다

사과

동그라미를 한입 베어 물어요
새벽의 물기가 입 안에 고여요
또 한 입, 깨물어요
와삭일까 물컹일까
우물거려요

반짝,
교회는 아직도 크리스마스예요

달을 반쪽 잃어버렸어요
잃어버린다는 것은
슬픔이에요

얻은 것도 있어요
반대도 할 수 있는 오기와
위로할 수 있는 낫낫한 목소리

어릴 때
여름 성경 학교에서 받아 온

공책에 동그라미를 그려 주세요

베어 물고 남은 씨앗을 뒤로 던졌어요
달의 뒷면에서 동그라미가 떠올라요

말랑말랑한 것에 대하여

묵은 감자의 싹을 도려내고 껍질을 벗긴다
이미 반 토막이 된 감자가 말랑말랑하다
제 몸의 일부가 싹이 되어 나간 그 빈자리가 말랑하다 못해
어떤 것은 그리움으로 검게 멍들어 있다

말랑말랑한 것은 슬프다
강아지의 젖을 뗀 누렁이가 그렇고
공기가 빠져나간 오래된 풍선이 그렇다

지금 내게서
네가 빠져나가고 있다

부부

왼손이 오른손을 어루만진다
언제 베었는지도 모르게
이제는 아문 상처를 쓸어 보다가
끝마디가 조금 휜 약지손가락
튀어나온 부분을
어루만진다

출발은 달라도
한 점으로 만나
반지를 끼워 주며
가장 빛나는 순간을 함께 한 손
힘들 때마다 이마에 얹고
위로와 힘이 되어 준 손

언제나 왼손보다 거친
그 손을 어루만진다
이월의 바람이 분다

내가 초록 풋사과 주스를 마실 때

당신은 떠나가는 기차를 봅니다
떠나는 사람들도
남은 사람들도
모두 갈 길을 가고
선로 위에는 당신만 남았습니다
이쪽인지 저쪽인지 가늠해 보며
그림자는 한곳에 머무르지 않습니다
달마저 푸르게 언 시간
당신은 자작거리는 모닥불에
잠시 손을 녹이고

이제 초원에서 뛰어노는 사슴을 턱 밑으로 끌어올릴 때

당신은 손에 든 망치로 쇠바퀴를 두드리며
지난밤으로
신호를 보냅니다
똑 도독
그리고 선로 위에

귀를 대 봅니다
마침내
선로 틈새 강아지풀
꼬리를 흔들고
당신은
다가오는 아침을 마주 봅니다

페적* 나다

자동차 뒷바퀴에 바람이 빠져
카센터에 갔다
바람을 넣으려던 기사님이
타이어에 박힌 나사못을 찾아내고는
펑크예요, 한다
익숙한 손놀림으로 못을 빼고
못 빠진 자리에 고무를 넣어 때웠다
흔적도 없이 말짱해졌다

아들한테서 전화가 왔다
축구하다가 다리를 다쳤는데
정밀 사진을 찍어 봐야 할 것 같다고
타지에서 혼자 아파하고 맘 졸였을 아들
집에서 가까운 병원으로 와서
십자인대 수술을 받았다
남의 근육을 빌려 끊어진 인대를 잇고
꿰맸다

아직은 남의 다리를 빌리지만

시간이 지나면
아들도 달릴 것이다,
언제 그랬냐 싶게

※페적: 표적의 제주 방언. 표목, 특징, 옷의 오점, 흠, 헌데자리 등으로 쓰이는 말이다

관계

마트에 허리까지 쌓여 있는 계란
신선도를 가늠하며 망설이던 계란 한 판을
한 남자가 냉큼 들고 간다
나는 그 아래 계란 한 판을 집어 든다
매운 것을 먹지 못하는 아이를 위해 계란장조림을 할까
생일을 맞은 아내를 위해 계란말이를 할까
어쩌면 계란조림을, 아니 계란말이를 해먹을지도 모를
그 남자의 가족을 생각해 보며
남편이 퇴근하기 전,
파를 송송 썰어 넣고 계란찜을 올린다

비가 내린다
으슬으슬 한기가 든 몸을 달래며
울리지 않는 전화기를 바라본다
내가 올린 글의 조회 수를 확인하니 우울하다
하나둘 떠나 버린 빈자리를 그리며
텅 비어 버린 난좌를 생각하다가

그래도, 어디선가 누군가는
나를 생각하고 있을 거라고
위로해 보는데

딩동,
남편이다

내소사에서

인간은 얼마나 나약한 존재인가
어디에든 기대고 싶어 한다

울긋불긋 종이를 꽂고 새끼줄을 감고 있는
천살 넘은 느티나무 앞,
평평한 돌 위에 놓여 있는 지폐와 동전들은
욕심인지, 나약함인지
낮은 담장 위에는
작은 돌들이 수없이 많은 탑을 이루고
지금도 어떤 이는 작은 돌을 올려놓고
어떤 이는 그 앞에서 손을 모으고 있다

극락에 가고 싶은가
사람들이 그렇다고 하자, 스님은 말씀하셨다
그럼 죽고 싶은가

일 년에 두 번 핀다는 춘추벚나무
활짝 핀 벚꽃 앞에서
사람들은 다시 한 번 인생이 꽃피기를 기원하고

절정을 향해 달려가는 가을
단풍나무 화려하게 물든 길
느티나무 하늘 높이 솟은 길을 걷는 사람들
행복한 표정으로
영원을 생각한다

갱년기

손가락 관절이 아픈 언니는
십여 년 전 가장 힘들 때 버팀목이 되어 준
꽃들은 손에서 놓는다 해도
첫칠 일도 안 된 첫 손녀는 안아 주고 싶다고
정답과 오답이 같다는 사실에
60년 걸어온 길에서 갈팡질팡한다

그렇지
태양의 반대편에는 그늘이 존재한다는 것을
알면서도 잊고 살았어
머리카락 한 올이 제풀에 빠져
맨살에 떨어지는 걸 느끼며
반대로 점점 약해지는 근육들을 생각해
 가령 자세가 불안하면 허리가 아프다거나 자주 짜증이 난다거나 여름 햇볕엔 밖에 나가기가 점점 무서워진다거나 경로가 어제와 조금이라도 다른 날이면 여지없이 다리가 아프다거나

 그런 날 있지

그럴 수도 있지
아이들이 둥지를 떠날 나이가 되었으니
그럴 수도 있지

습관처럼 혼자 있는 게 편하면서도
그러다가 외로울 때 있고
간혹, 초점이 맞지 않는 눈으로 대충 본 후
어림짐작으로 맞춰 보면서도
이제는
그럴 수 있다고 스스로 위로하는 시간

무꽃

길가에 버려진 무를 보았다
머리에 꽃을 달고
아래로는 잔뜩 바람이 들어
쓸모가 없을 무

다시 그곳을 지나는데
누군가 그 무를
화단에 심어 놓았다

버려진 것은
누구나 주인이 될 수 있지

무꽃이 지면
씨 한 알 받아야지

씨 한 알
어느 낯선 거리에 뿌려야지
가본 적도 없고
들어본 적도 없는 낯선 도시

그곳에서
아무도 모르는 누군가가 되어
몇 날 며칠을 글만 쓰다가
별을 쫓다가
그대로 쓰러져
하늘을 지붕 삼아 살아도 봐야지

머리에 꽃을 달고
거리에 버려진
꽃이야기를 들었다

비틀거리는 봄

입춘이 지나자마자
바람엔 꽃내음이 묻어오고
땅은 숨을 쉬느라 흙을 고른다

봉숭아 씨앗도 구해야 하고
못 받은 해바라기 씨앗도 사야 하고
작년에 얻어다 심은 수선화가 나오려는지
봄이면 도지는 병, 옹알이가 핀다

내리 며칠째 추위가 계속되던 날
그녀가 쓰러졌다

길을 지우고
사람을 몰라보고
걷는 것을 안 하더니
동숙의 노래도 잊고
여자의 일생도 잃어버렸다

그날 땅에 떨어진 끈을

오른쪽 발로 넘었어야 해

콧줄은 탯줄이 되고
봄도 탯줄을 통해서 온다

봄은 자꾸만 땅으로 물관을 내리고
그녀도 돌아갈 준비 중이다

문

 핀 하나로 지켜야 할 것은 무엇이었을까
 어머니의 가방에도
 양말을 덧대 혓바닥처럼 늘어진 바지 호주머니에도
 어김없이 옷핀으로 잠겨 있었다

 볼이 빨간 할머니 집
 느리게 돌아가던
 국수집 뻑뻑하던 기계
 어느 날,
 나무 문틀 유리창에는
 안합니다, 종이가 붙었다

 작은 어머니 댁에 들렀다 내려오는데
 오래된 연립의 문 앞에 매달려 한 남자가 중얼거린다
 다 해봐도 안 돼
 문에 매달린 번호는 아니라고, 그게 아니라고
 연신 울어댄다

하루에도 몇 번씩 여닫는 문 앞에서
절대로 잊어버려서도,
잃어버려서도 안 되는 것이 있다

겨울 제4부

나무의 무릎

예쁜 글씨 시간에 나무를 그리는데
나무 주름이 꼭 무릎을 닮았다

한자리에 뿌리를 내리고
허공을 향해서만 팔을 뻗는 나무

인적이 드문 시골 버스 정류장에
혼자 서 있는 감나무를 본 적이 있다
종일 한자리에 서서 하염없이 기다리는 일이
어디 쉬운 일인가

새벽마다 쇠죽을 끓일 때면
어김없이 들리던
아버지의 마른기침 소리가 듣고 싶다

롱패딩 잠바

누에를 아랫목에 두고
우리는 윗목에서 잠이 들었다
왠지 가슴이 간질간질한 날은
사각사각 뽕잎 갉아먹는 소리가 들렸다
우리는 생각을 자르고
다시 붙이곤 했다
누에는 밤새 새끼손가락 한마디쯤은 더 커져 있었고
엄마의 광목 앞치마는 푸른 물이 점점 진해졌다

엄마보다 커버린 애벌레들이 거리를 누빈다
뽕잎을 너무 많이 먹어 까만 애벌레들
번데기 속에 아직 펴지 못한 날개가 가득하다

봄이 기다려진다

하회마을 선유줄불놀이

산을 좋아하는 남편과
남편을 좋아하는 아내가
백사장에 나란히 앉았다

하늘에서는 작은 불꽃들이 흔들흔들 춤을 추고
강에서는 달걀불 불빛이 물에 비쳐 아롱거리는데
깎아지른 절벽, 부용대 정상에서
불붙은 솔가지 묶음을 화천으로 던지면
폭포처럼 불꽃이 흐르는데
두 사람 얼굴에도 꽃이 피어 흐르고

"낙화야"

사람들 일제히 소리치는데
왜 낙타를 부르는지 이해가 가지 않는 남편도
따라서 외쳤다

"낙타야"

넘어가다

친구와 차를 타고 가면서
흔들리는 대로 몸을 맡기고 있는데
친구가 한마디 한다

너, 나한테 넘어오겠다

언제였는지 모르겠다,
처음 넘어간 것이
도서관에 처음 갔을 때였나
은행잎 주워 책갈피에 넣을 때였나
아니면, 외가에 가서 밥 먹는 것도 잊고
책꽂이에 가득한 세계명작을 읽을 때부터였는지도
모르겠다

나도 모르는 사이 넘어가서
매일같이 씨름을 한다
번번이 이기지 못할 싸움이다
꿈에서도 실마리를 찾지 못하고 전전긍긍,
머릿속을 지배한다

그저 깔깔깔 웃는 모습으로만 기억되다가
자칫 무미건조할 뻔한 일상을 다이내믹하게 만들어 준 친구
오늘은 기분이 꿀꿀하다고 차 한잔 하잔다
그래, 좋아
나 오늘도 기꺼이 너에게 넘어가련다

콕 찔러보기

SNS에
새글이 있어 들어갔더니
누가 날 콕 찔렀단다
누구지
모르는 그가 왜 날 찔렀을까
무딘 손가락이 잘못 눌렀을지도 모르지

는개비 작은 방울이
대추나무 꽃잎에 앉는다
접시꽃 담장 밖에서 까치발을 든다
마른 가지에 꽃이 피었다 지고
장미꽃 내게 들어와 빨갛게 물들었다 져도
시치미 떼는 너

모르는 척 나도
콕 찔러볼까

서로 이웃

목련 나무 아래
함박 웃으며 포즈를 잡는
그녀

어디선가 본 듯하다

벚꽃 아래
바쁘게 걸어가는
저 남자

익숙한 듯 모르는 사람이다

그녀 마음에
저 남자 마음에
집게손가락을 콕 대고,

햇살이 좋은 봄날입니다
우리 서로 이웃해요

화장과 빈 병의 관계

베란다 다육이 화분 옆
저녁이 빠져나간 흔적이 삼열 횡대로 늘어서면
여자는 화장을 한다
속눈썹을 붙이고 마스카라를 하고
빨간 립스틱으로 자존심을 완성한다

빈 병을 빳빳한 봉지에 줄을 맞춰 담는다

비어서 요란하던 시절에
퇴근하는 남편을 기다리며
소소한 꿈을 꾸던 시절
밥상에 오순도순 이야기를 따르고
함께 한 시간도 늘어났다

봄날 오후 다섯 시
봉지를 든 두 손이 무겁다
마트 여자의 시선을 미소로 돌리려면
활짝 편 어깨
발걸음도 가벼워야 한다

공병 값 2,980원
속풀이 콩나물 한 봉지와 안주감 뱅어포
그리고 참이슬 한 병
공병 값을 초과했다

마트는 그녀에게 또 술을 권한다

나무의 비밀

발 대신 가지를 선택한 건 나무의 치밀한 계획

가지마다 귀를 걸어 놓고
바람이 불 때마다 사각사각 바람의 이야기를 적고
살 에는 이야기, 꽃 지는 이야기 이파리에 가득 채워
한 권 책으로 엮을 나이테를 그려 넣지

잎마다 눈을 걸어 놓고
세상 조용한 겨울밤이면 사락사락 눈 이야기 담고
포근한 이야기, 꽃눈 트는 이야기 가득 채워
또 한 권 나이테로 엮어 놓지

발이 없는 나무는 나뭇가지로 하늘을 걸어가지
그러니까 저 드넓은 허공은
나무들의 대지인 것

비와 함께 울고
눈과 함께 떨면서
마침내 가장 화려한 모습으로

사람들에게 손 내밀어 주는 나무들

사람들은 나무가 하늘로 오르는 것을
키가 큰다고 하지만
알고 보면 하늘을 만지려고
나무들의 팔이 길어진 것

이것은 나무들만 아는 비밀이지

팽팽하다

두 마리의 고양이가 대치 중이다
곁을 서성이던 바람의 등뼈도 경직되고

다세대 주택 입구
노란색 테이프로 단장한 스티로폼 집을 사이에 두고

얼룩무늬 고양이는 왼쪽
검은색 고양이는 오른쪽
아직 끝나지 않은 계산이 남아 있을까
기어이 끝을 보겠다는 듯
가시 돋친 시선이 서로의 눈에 박혀 있다

소리 없는 전쟁은
무언가 날아가서 와장창 요란한 소리를 내며 끝이 난다
팽팽한 시선이
반대편으로 날아가고 다시 되돌아온다

시간이 지나면 느슨해질까

민들레 꽃잎에 빠져 있는 동안
철쭉나무 가지 끝을 헤아리는 동안
봄이 한 발짝 다가섰는데,

3미터의 거리는
여전히 팽팽하다

닭

 마을엔 밤이면 자꾸 닭이 없어진다는 소문이 돌았다 '방학 때 밤이면 친구들과 산에 올라 닭을 구워 먹던 일들이 지금도 생각 나' 봄날 햇살에 기대 무료할 즈음 도둑고양이처럼 살금살금 숨어들어 큰오빠의 오래된 편지를 꺼내 읽는 재미가 쏠쏠하였다

 다리를 물어뜯긴 닭은 주저앉은 채 죽어 있었다 어떤 날은 속을 파먹힌 채로 죽어 있기도 했다 사랑방 봉당께 있던 닭장에서는 밤마다 소리 없는 전쟁이 일어났다 전쟁의 일방적인 포식자는 그 흔적을 남기지 않았다 머리카락이 쭈뼛 서는 아침이었다

 앞마당으로 집을 옮긴 살아남은 닭들은 매일 밤 횃대를 올랐지만 사람들은 그들의 축제를 위하여 밤낮으로 닭다리 뜯는 걸 즐긴다 그리곤 한 번씩 닭을 땅에 묻으며 애도를 표하기도 한다 땅속에 닭은 자꾸만 쌓여 간다.

그때 누가 나를

편의점에 들어가려고
손잡이에 손을 대는 찰나
안에서 먼저 열리는 문
순간 중심을 잃고 휘청거렸다

누구일까

그때
지구 반대편에서
내 손을 잡아끈 그는

줄

아버지가 줄을 놓았다
순간, 팽팽하던 줄이 멀리 날아갔다

그 줄에 매달려 넘어진 사람들
희미한 흉터를 들추어내며
어쩔 수 없는 일이었다고, 억울하다고
자기가 더 아프다고 아우성이다

해마다 가늘어진
위태위태한 줄 하나 붙잡고
쓰디쓴 그 말을 어찌 다 삭이셨을까
아들과 며느리, 며느리와 딸 사이에서
입을 지우고
어쩌면 시누이 문제, 올케의 흠을
혼자 삼키다 식도를 잃어버렸을까

그토록 질기다는 하나뿐인 명줄을
놓아 버린 후

그나마 먹을 만하다던 해장국을
이제 더는 사지 않아도 된다

아버지,
막내예요
전화기를 들어도 불통이다

액자를 그리다

안경을 기다리며 창가에 앉아 있다
시내 중심가 큰 사거리 횡단보도 앞,
네모난 창밖으로 초록불이 켜졌다

너덧 살이나 되었을까,
아이가 젊은 엄마의 손을 잡고 통통통 뛰어간다
학생들은 뭐가 그리 재밌는지 까르르 지나간다
코트 입은 아저씨 가방을 들고 터벅터벅 걸어간다
지팡이를 든 할아버지,
애벌레처럼 꿈틀꿈틀 걸어가는데 초록불 깜빡인다
허둥지둥 동작은 커지는데 지척이 천 리처럼 멀기만 하다
차들은 서서 말없이 지켜보고
신호등은 이미 눈이 붉다

시골집 방 문 위, 벽에 걸려 있던 가훈은
어린 나를 키워 주었고
아직도 부족한 나를 다독이려고
하느님은 이렇게 곳곳에 액자를 걸어 두셨다

택배원

 어깨를 올려 겨우겨우 수평을 맞춰요 상자를 떨어뜨리면 봄이 한꺼번에 쏟아져 세상은 엉망이 되어 버릴 거예요 까치발을 들어도 어깨의 수평이 맞지 않을 때는 길게 한숨을 쉬어요 꼭 감은 눈 속에서 밤인 줄만 알다가 희미하게 눈을 뜨고서야 밖이 환하다는 걸 깨달아요

 봄의 자리는 늘 저 위에 있어요 공원 왼쪽 첫 번째 벤치의 목련 소식을 듣고 계단을 올라요 그녀의 가슴 떨리는 분홍빛 소식이 내 손에 있어요 아름다운 옛 축제 이야기를 그에게 전해 줄 거예요 가슴 부푼 그의 꿈을 그녀에게 들려줄 거예요 계단은 끝이 없어요

 올라가면 끝이 있을 거라는데 그게 아닌가 봐요 끝이 보이지 않아요 올라간 만큼 또 내려와야 할지도 모르지만, 올라갈 때는 그걸 잊고 계단을 올라요

터미널의 비둘기

시외버스 터미널과 고속버스 터미널 사이
탑 위에 옹기종기 모여 앉은 비둘기들
버스가 들어올 때마다
우르르
손님맞이로 바쁘다

하루라도 너 없는 세상에서 살고 싶어
마스크 속에 숨었던 말이
이제 너 따위 무섭지 않아라고
마스크 밖으로 새어 나온다

잊을 만하면 들어오던 버스
많지 않던 사람들
표정 없던 사람들

여름 장미 늦도록 피어 있는 터미널
버스가 들어오면
간혹, 마스크를 벗고 미소를 띤 사람들
길게 내린다

비 오는 아침

고양이가 보이지 않는다
연립 입구 누군가의 손길로 만들어진
스티로폼 고양이 집
빈 사료 그릇만 덩그러니 뒹군다

시간 되면 드나드는 차들과
수시로 드나드는 걸음에
눈 맞추다가
한세상 다 알아 버린 것일까

밥숟가락을 놓고
어디로 갔을까

비 오는 마당에
고양이 사료 한가득 널브러져 있다

광염소나타[※]

누군들 대학에 가고 싶지 않았겠어 그래야 우리 엄마 아빠 무거운 어깨에 짐을 덜 수 있으니까

누군들 불구덩이 속으로 뛰어들고 싶었겠어 그래야 여우 같은 마누라 토끼 같은 자식 웃을 수 있으니까

누군들 혓바닥 날름거리는 화마가 무섭지 않았겠어 그래야 소중한 목숨 한 명이라도 더 구할 수 있으니까

누군들 뜨거운 불기운 속에서 차갑게 식은 주검을 마주하고 싶었겠어
누군들 죽은 듯 얼어붙어 있던 땅에서 올라온 푸른색 한 점, 새싹을 만나고 싶지 않았겠어
누군들

※김동인 단편소설 〈광염소나타〉
※2017년 12월 21일 제천 하소동 스포츠 센터 대형 화재로 많은 희생이 있었다

잿빛 하늘 증후군

마음이 답답할 때면 도서관으로 가요
빽빽한 책 속에서 파란 하늘을 꺼내 읽어요
잭의 콩을 얻었는데
콩나무가 하늘까지 자랄 수 있을까요

우울할 땐 혼자 바다로 가요
잿빛 하늘을 덧칠할
바다의 푸른빛이 손가락 사이로 빠져나가요

울고 싶어도 울지 않아요
검은 눈물에서 슬픔의 씨앗이 자라지 못하게
마음속에 가두어야 해요
자꾸만 숨을 꼭 참는 버릇이 생겼어요

비를 기다려요
괴물이 날개를 접으면
이 도시는 마스크를 벗을 수 있을까요

쏙쏙 고개 내미는 봄
매캐한 바람이 불어요

뛰는 사람들

터널을 나왔을 때 속도계는 90을 훌쩍 넘어 있다
브레이크를 밟아 속도를 늦춰 보지만
이내 다시 90 언저리를 맴돈다
차들이 쉴 새 없이 옆을 지나쳐 달아난다

길가에 코스모스가 스쳐 지나가고
멀리 산이 눈에 들었다가 사라진다
계절은 한껏 치장하고 있지만
잠시 가자미눈이 되면서도 멈출 수는 없다

고속도로에서는 모두가 달린다
낮에도 달리고 밤에도 달린다
자면서도 달리고
달리면서도 달린다
나도 달린다

빈손

 병원 앞에 서서 신호를 기다리는데 까만색 리무진이 나와 바뀐 신호에 따라 앞서서 간다 리무진 바로 뒤를 따라 승용차 한 대도 간다, 또 다른 차 한 대가 내게 손짓을 하고는 앞으로 끼어든다 붉은 눈을 깜빡, 깜빡이며 천천히 간다 나도 따라 덩달아 천천히 간다 한참을 그대로 따라가다가 나도 천천히 가고 있다고 뒤차에게 신호를 보내야 하나 잠시 망설이다가 그대로 따라간다

 붉은 눈은 쉴 새 없이 깜빡거리는데 손짓도 할 수 없는 벌거벗은 나무들 위로, 차 유리창 위로 싸륵싸륵 눈이 내린다

 있다고 잘났고
 없다고 못나도
 돌아서면 빈손인 것을※

 습관처럼 차에서 나오는 노래를 따라 부르며,
 소망주택 삼거리에서 나는 우회전을 한다

 ※가요 '빈손'의 가사

종이컵

커피를 좋아한다
율무차도 좋고
생강차도 좋지만
달달한 목 넘김으로 황홀하게 하는 믹스커피를
제일 좋아한다

얼굴은 창백한 편이다
피부가 매끄럽고
꽃무늬거나 색이 화려한 친구들은
앞에서 스포트라이트를 받지만
구석진 곳에서 빛을 못 보는 나는 창백하다

키스를 좋아한다
공사장에서 화톳불 피워 놓고
잠깐의 추위를 잊으려는 사내들과의 키스
손톱에 별을 붙이고
긴 손가락으로 나를 감싸고
기어이 키스 마크를 남기는 그녀들과의
키스는 짜릿하지만

금방 싫증을 내고 차버린다
어쩌다, 오래 사랑하기도 하지만
그 사랑도 하루를 넘기기 힘들다

드물게 귀에다 대고
'사랑해'
하던,

사람들이 나를 욕한다
내가 지구를 파괴한대나
환경 오염의 주범이라나
나는 슬프다

미필적 고의

본격적으로 시작한 여름
비를 뿌린 밤은
차의 헤드라이트만이 길이 된다

길을 가운데 두고
이쪽 논에서 저쪽 논으로
뛰는 개구리

개구리를 피한 것 같아
다행이야, 참

친구를 내려주고 돌아오는 길
헤드라이트로 보이는
수없이 폴짝거리는 개구리
개구리들

한두 마리가 아니었구나

새로운 해가 뜬 아침

차 번호판에는
하루살이의 시신으로 가득하다

그런데
번호판이, 꼭
머그샷 같아서 말이지

정애진 시인의 시 세계

해설

해설

원초적 접근의 순수한 메타포
—정애진 시인의 시 세계

김우영 | 문학박사·중부대학교 교수

1. 청풍명월의 고장에서 맑은 시를 쓰는 시인

청풍명월淸風明月 산자수명山紫水明한 정취의 절경과 의림지 호수가 펼쳐진 충청북도 제천에서 해맑은 시를 쓰는 정애진 시인의 시를 만났다.

이러한 환경에서 살고 있는 정 시인의 시 쓰기는 그야말로 천혜의 조건을 갖춘 것이어서 시 또한 계곡에서 맑은 물이 흐르는 듯한 청정 이미지를 나타내고 있다.

살갑고 순수한 시편으로 시나브로 다가온 첫 번째 시향詩香『화인』에서 챕터Chapter 하나 앵두꽃 피는 뒤

안, 챕터Chapter 둘 바다, 챕터Chapter 셋 장아찌 같은 사람, 챕터Chapter 넷 바람에 이어 다시 만나는 두 번째 시향詩香 『어쩌 이것도 시가 되는가』를 볼 수 있어 행복하다.

2. 시인의 시론 창작 원초적 접근

시인의 창작에 맥을 이루는 근간 원초적原初的 접근 Pronunciation·original position은 국어문법 명사로서 처음 일어나는 현상을 말한다. 또한 처음 근본에 해당하는 것을 말한다. 오늘날 우리 주변의 원적元籍, 원고향元故鄕, 원도심元都心, 원조元朝 등이 그 한 예이다.

이는 급변하는 산업화와 함께 원래의 자리, 원래의 사물이 실종하는 정체성의 상실에서 그 연원을 찾을 수 있다. 자연과 모든 사물은 그 자리에 그대로 있는데 오로지 인간만이 새로운 4차원 세계를 향한 욕망이 만든 부메랑이다.

원초적 접근은 미국의 윤리학자이자 정치철학자 존 롤즈John Rawls에 의해 만들어진 가설적 상황이다. 이것은 '롤즈 정의론'에 핵심적으로 등장하며, 20세기 철학에 가설의 영향을 준 것 중의 하나이다. 이것은 철학적으로 매우 다양한 스펙트럼을 가진 사상가들에게 중요한 과제였다.

자연 상태 안에 위치한 개인은 인간의 기본권과 의무를 정의하고 있는 계약의 규정에 동의한다. 롤즈의 이론 즉 '공정함으로서의 정의' 안에서 원초적 접근은 전통적인 이론가들(홉스, 로크, 루소)의 자연상태와 유사한 역할을 하고 있다.

이러한 측면에서 정 시인의 창작에 맥을 이루는 근간 원초적 접근을 참고하여 살펴보자.

3. 다시 만나는 원초적 시향詩香의 순수성 재발견

가. 유니크한 레토릭Rhetorik 메타포Metaphor 기법

지금부터 정애진 시인의 두 번째 시집 『어째 이것도 시가 되는가』를 탐닉해 보자. 아래의 시 〈현호색〉을 살펴본다.

간혹,/ 어떤 단어를 생각할 때/ 터무니없이 엉뚱한 말이/ 불쑥 튀어나올 때가 있는데

현호색이 그렇다/ 어쩐지/ 현호색 하면/ 호색한이란 단어가 먼저 떠오른다

길쭉한 줄기에/ 꽃신의 날렵함/ 유쾌한 꽃, 입

꼭 그렇게/ 현호색에 끌린다/ 봄에 홀린다

―〈현호색〉 전문

　시인은 시 문장에서 '현호색'을 나열하며, '호색한'을 제시한다. 시 속에 이중적 장치를 통한 유니크Unick한 레토릭Rhetorik 메타포Metaphor 표현의 기법이다. 이런 수사학은 보통 중견 이상의 시인들이 즐겨 차용한다. 그만큼 시인은 자유자재로 언어 선택과 유희를 운영할 줄 안다고 볼 수 있다.
　여기에 "길쭉한 줄기에/ 꽃신의 날렵함/ 유쾌한 꽃, 입// 꼭 그렇게/ 현호색에 끌린다/ 봄에 홀린다."고 이분법을 대비로 독자 감성의 이미지네이션으로 승화시키고 있다. 첫 시구에서 현호색이라는 쌍떡잎식물 양귀비목을 소환한다.

　이어서 시 〈강천사 가는 길〉을 만나자.

　보라색 작은 제비꽃 애기똥풀 노란 꽃 톱니바퀴처럼 생긴 고들빼기 꽃 구불구불 올라가는 길은 은방울꽃 청아한 소리도 병꽃나무 불그스레한 미소도 함께 갑니다 굽이를 돌 때마다 지고 온 생각 하나씩 내려놓으며 올라가는 길, 법당 앞에 불두화가 반갑게 맞아 줍니다

돌단풍 활짝 피고 금낭화 나란한 계단을 오르면/ 누가 왔나,/ 큰스님 법당문을 여실 듯합니다
　　　　　　　　　－〈강천사 가는 길〉 전문

산문시를 전개하며 가볍게 문을 연다.
　시인은 본 시집에서 유사한 형태의 이분론적 수사학으로 독자의 이해를 돕고 있다. 뒤에서 운문형 문장이 상호 협력 관계로 〈강천사 가는 길〉 압운押韻을 더하고 있다.

　다음에는 〈할머니 집〉을 감상하자.

　할머니 집 마당에/ 낮은 돌담이 있습니다

　돌담에 꽃이 피었습니다/ 수선화 옥매화 무스카리…

　할머니보다 얼굴이 큰/ 할미꽃도 피었습니다

　마당가에는 은행나무/ 은행나무 옆에 보리수나무/ 보리수나무 옆에 대추나무

　마당에는 햇볕이 있고/ 햇볕 아래 조는 강아지 한 마리

그리고 할머니 집 마당에는/ 풀을 뽑는 할머니가 있습니다/ 할미꽃보다 더 허리가 구부러진/ 할머니가 있습니다
─〈할머니 집〉 전문

할머니 집을 온통 꽃대궐로 치장하였다. 한 편의 동화 속 수채화를 보는 것 같다. 집마당, 낮은 돌담, 수선화, 옥매화, 무스카리, 할미꽃, 은행나무, 보리수나무, 대추나무, 햇볕, 강아지 한 마리 등이 모여 있다. 농촌의 꽃과 나무가 모여 교향악을 협연한다. 자연의 전령사들이 모여 할머니 집을 환하게 빛내고 있다.

이어지는 시 〈장롱 속 머리카락〉에는 유년의 곱다란 추억이 소환된다.

가끔 생각이 난다/ 웃방 장롱 속, 하얀 천에 싸여 있던 머리카락

머리가 길었던 어린 시절/ 아침마다 엄마는 어린 딸을 앞에 앉혀 놓고/ 머리를 땋아 주셨다/ 긴 머리로 찰랑찰랑 다니고 싶었지만,/ 엄마가 외가에 가셔서 안 계실 땐/ 아버지가 더 꽁꽁 머리를 땋아 주셨다

긴 머리에서 해방된 것은 중학교 1학년 겨울 방학/ 엄

마는 읍내 미용실에서 받아 온 머리카락을/ 하얀 천에 싸서 웃방 장롱 속에 넣어 두셨다/ 어쩌다 꺼내서 보고는 했는데

고향을 떠나 이사를 한 이후였는지/ 그 전이었는지/ 언젠가부터 본 기억이 없다

어디로 갔을까

　　　　　　　　　—〈장롱 속 머리카락〉 전문

가끔 생각이 난다는 웃방 장롱 속, 하얀 천에 싸여 있던 머리카락. 머리가 길었던 어린 시절, 아침마다 엄마는 학교에 가는 딸을 앞에 앉혀 놓고, 머리를 땋아 주셨다며 회억하고 있다. 긴 머리를 찰랑찰랑, 아버지가 더 꽁꽁 머리를 땋아 주고, 하얀 천에 싸서 웃방 장롱 속… 유년의 곱다란 추억이 몽환기법으로 소환된다.

다음에는 시 〈아버지의 땅따먹기〉이다.

바닷물 일렁거리다 빠져나간 바위에/ 새겨진 공룡 발자국처럼 오래된 이야기 같아/ 발자국이 남는 곳까지 주인이 된다는/ 시시포스 신화 같은 이야기

한때는 지겟작대기 하나로/ 우주를 들어 올렸던 사내의/ 눈 뜨면 달려야 하는 숙명/ 한 뼘 남짓한 크기로 감당하여야 할 무게로/ 가시가 되고/ 뿌리가 된 이야기

돌아오지 못한 자리엔/ 철철이 엄마 찾는 고라니만 울었다 가고/ 올해도 별보다 반짝이는 소금꽃/ 더께더께 피었다

—⟨아버지의 땅따먹기⟩ 전문

위의 시 ⟨아버지의 땅따먹기⟩는 시인 특유의 페이소스Pathos를 표출한 기법이다. 시시포스 신화 같은 이야기를 도입하는가 하면, 한때 지겟작대기 하나로 우주를 들어 올렸던 사내의 이야기로 비유되며 메타포로 처리된다.

미국의 윤리학자이자 정치철학자 존 롤즈에 의해서 만들어진 가설적 상황, 유년의 스펙트럼을 소환하여 자연 상태와 유사한 역할의 원초적 순수의 추억을 반추하고 있다.

나. 단문의장短文意長의 미학美學

이번에는 시 ⟨사춘기⟩를 통하여 시인의 시세계를 들여다보자.

아직,/ 봄인가 보다/ 저리 바람이 부는 걸 보니

―〈사춘기〉 전문

  이 짧은 시에 시인은 이미 인생과 우주를 담았다. 과거, 현재, 미래 시제時制를 절묘하게 배치시켜 유유자적 운용하고 있다. 이를 보고 문학적 수사학에서 '단문의장短文意長'이라고 한다. 글은 짧으나, 뜻은 길다는 뜻이다. 시에는 우주 삼라만상을 담아도 부족함이 없다고 한다.

  따라서 위 시 〈사춘기〉는 고농축되어 숙련된 시로서 시어를 많이 다루어 본 시인이라는 판단이 든다. 아울러 원초적 순수의 이미지네이션Imagfnation을 유지하는 시력詩歷이 넓고 도도하다.

  요컨대, 소설가小說家 · 수필가隨筆家 · 번역작가飜譯作家 · 희곡가喜曲家 · 작곡가作曲家 등 문학 장르에 집 가家 자를 붙인다. 그런데 시인詩人만이 유일하게 사람 인人 자 앞에 시詩라는 어휘가 붙었다. 그만큼 문학 장르 중에 시인만 한 위대한 인물이 없다는 뜻이다.

  고대 그리스 철학자 아리스토텔레스(BC 384~322)는 서양 철학의 기초를 형성하였다. 아울러 시의 본질 및 내용, 형식, 종류, 시작詩作 원칙, 조건 등에 관한 학문. 그 원천인 아리스토텔레스의 『시학詩學』은 인류 최초 시 이론서이다. 아리스토텔레스 시학에서는 시를 첫 번째 원리로 다루고 있다.

다. 미괄식尾括式 기법 차용

이어지는 작품 〈시詩·2〉를 보자.

　출근길 신호를 기다리는데/ 젊은 아빠가 아가를 안고 어린이집 버스를 기다린다/ 젊은 아빠는 미소 띤 얼굴로 팔에 안긴 아가 얼굴에 연신 뽀뽀를 하는데/ 신호등 위에 하늘이 파랗다

―〈시詩·2〉 전문

　시인은 시에서 미괄식尾括式 기법을 차용한다. 반면, 결론을 제시하는 방식으로 처리하였다. 이러한 사례는 점층적 방법의 하나로 시와 소설 등 문예물에 많이 쓰인다. 경험이 농후한 시객詩客들의 전유물이다.
　이른바 글몰이 즉, 포문법捕文法에 해당한다.

　이번에는 시 〈가위〉를 살펴보자.

　처음 시를 말씀하셨던 선생님이/ 어느 날 신문지에 둘둘 만 것을 주고 가셨다/ 독일에서 사오셨다는 그것,/ 손잡이 부분만 하얗게 칠해져 있고/ 오로지 쇠로만 되어 있

는 그것

   지금도 주방 선반에 걸려 있다/ 보통의 주방 가위보다는 조금 짧은/ 더러 하얀 코팅이 벗겨진 그것/ 그래도 본연의 기능은 처음과 똑같은 그것

   매일매일 자르기만 하는 그것

   핵심도 없고/ 사족만 늘어져 있는 나의 시詩/ 언제나 아니오라고만 하는 그것

   그래서,/ 선생님은 가위를 주셨구나

   요즘 작약이 한창이지/ 그럴 땐 작약만 말하라 하시네/ 곁가지로 핀 꽃은 과감히 자르라 하시네

   촌철살인 같은 글 한 줄 쓰라 하시네

—〈가위〉전문

   이 시에서도 이분론적 수사학 압운押韻이 등장한다. 시어를 많이 다뤄 본 시인은 시어의 선택과 운률 배치의 묘미를 터득했다고 보여진다. 이러한 시의 묘미로 사상과 감정의 주관적 이미지를 운율적 언어로 표

현하는 문학이 시이다. 또한 자연과 인생에서 체험한 생각과 느낌을 상상을 통해 율문적인 언어로 압축 형상화하는 창작 문학의 양식이다.

마지막으로 〈서로 이웃〉이라는 시를 같이 보자.

목련 나무 아래/ 함박 웃으며 포즈를 잡는/ 그녀

어디선가 본 듯하다

벚꽃 아래/ 바쁘게 걸어가는/ 저 남자

익숙한 듯 모르는 사람이다

그녀 마음에/ 저 남자 마음에/ 집게손가락을 콕 대고,

햇살이 좋은 봄날입니다/ 우리 서로 이웃해요
　　　　　　　　　　　　　　　 —〈서로 이웃〉 전문

우리는 보통 시를 잘 쓰는 문사文士를 언어 연금술사라고 한다. 이를 두고 한 말이렷다. 시인은 목련 나무, 벚꽃 아래, 저 남자, 그녀 마음, 집게손가락, 햇살이 좋은 봄날, 서로 이웃을 자유롭게 초청한다.

이는 문장의 어순전위語順轉位로서 문장 성분의 정상적인 배열을 뒤바꾸어 놓아 내용을 강조하거나 두드러지게 하는 도치 기법이다. 호쾌한 반전이다.

4. 시인을 젊게 하고 오래 기억하게 하는 장점

지금까지 정애진 시인의 시집『어째 이것도 시가 되는가』의 시론을 살펴보았다. 지난 2016년 12월 1일 충북문화재단 후원으로 도서출판 한강에서 출간한 시집『화인』에서 원초적 순수를 그대로 드러낸 바 있다.

전원생활에서 우러나오는 고아한 시적인 표현과 원초적 순수의 미를 잃지 않는 시인의 문식성文識性에 공감했다. 자연은 설탕처럼 달콤하지는 않지만 언제 먹어도 맛있는 본래 무미無味의 흰 쌀밥 같은 지순의 맛. 그것이 바로 시인이 노니는 자연이 아니던가!

시인의 시 문장은 꾸미지 않은 순수성을 간직한 살가운 채색이다. 시인의 시 문장 속에 유니크Unick한 레토릭Rhetorik 메타포Metaphor 기법이 등장하는가 하면, 단문의장短文意長의 미학美學이 표출되기도 했다. 또한 독특한 미괄식尾括式 기법이 차용되며, 시의 절묘한 형태를 표출시키기도 했다. 이러한 어순전위는 시인을 젊게 하고 오래 기억하게 하는 장점으로 뽑혔다.

요컨대 지금까지 살펴본 충청북도 제천의 정애진

시인의 시집 『어째 이것도 시가 되는가』의 시론은 꾸밈없이 원초적 접근의 순수한 메타포Metaphor 기법으로 시의 특색을 살렸다고 할 수 있다.

자연 숲은 신의 최초 신전이었다고 한다. 따라서 자연은 결코 배신하지 않는다.

우리 자신을 배신하는 것은 항상 인간들이다. 그래서 자연은 인간을 싫어한다. 위대하고 아름다운 자연 전령사를 시 문장에 도입. 원초적 순수를 사랑한 시인의 시집 『어째 이것도 시가 되는가』는 과연 '미필적 고의인가?' 아니면 '확정적인 고의인가?'

본격적으로 시작한 여름/ 비를 뿌린 밤은/ 차의 헤드라이트만이 길이 된다

길을 가운데 두고/ 이쪽 논에서 저쪽 논으로/ 뛰는 개구리

개구리를 피한 것 같아/ 다행이야, 참

친구를 내려주고 돌아오는 길/ 헤드라이트로 보이는/ 수없이 폴짝거리는 개구리/ 개구리들

한두 마리가 아니었구나

새로운 해가 뜬 아침/ 차 번호판에는/ 하루살이의 시신으로 가득하다

그런데/ 번호판이, 꼭/ 머그샷 같아서 말이지
　　　　　　　　　　ㅡ〈미필적 고의〉 전문

　　　　　　　　　2024년 11월에
　　　　　　　　　지구촌 나그네, 나은 길벗

어째 이것도
시가 되는가

발행 I 2024년 11월 22일
지은이 I 정애진
펴낸이 I 김명덕
펴낸곳 I 한강출판사
홈페이지 I www.mhspace.co.kr
등록 I 1988년 1월 15일(제8-39호)
주소 I 서울특별시 종로구 인사동11길 16, 303호(대형빌딩)
전화 02-735-4257, 734-4283   팩스 02-739-4285

값 12,000원

ISBN 978-89-5794-577-3 04810
     978-89-88440-00-1 (세트)

※저자와의 협약에 의해 인지는 생략합니다.
※이 책은 충청북도, 충북문화재단 의 후원
  을 받아 예술창작활동지원사업의 일환으로 발간되었습니다.